Zwergenland

Lyrik Anthologie

Bibliografische Information der Deutschen Nationalbibliothek:
Die Deutsche Nationalbibliothek verzeichnet diese Publikation
in der Deutschen Nationalbibliografie; detaillierte bibliografische
Daten sind im Internet über dnb.dnb.de abrufbar.
Herausgeber: Edition Dorettes – Sabine-Simmin Rahe
Umschlaggestaltung und Layout: Sabine-S. Rahe
Fotografie des Breslauer Zwergs: Dr. Christian Pätzold
https://die-dorettes.de
1. Auflage 2022
© 2022 , das Copyright der Texte verbleibt bei den Autoren
Herstellung und Verlag: BoD – Books on Demand, Norderstedt
ISBN 978-3-75685-607-7

Edition Dorettes

Zwergenland

Lyrik Anthologie

Diandra Behrbalk, Andreas Nettesheim,

Reinhild Paarmann, Sabine-Simmin Rahe,

Dan K. Sigurd, Wolfgang Weber

Fräulein Romy Tierärztin mit Zauberhand

Fräulein Romy war ein
Junges Ding
Blaue Augen
Blondes Haar
Vierzehn Jahr
liebte Tagebücher
Diddelmaus sehr
aber Tiere
die mochte Sie mehr.

Tiere wie Hund und Katz
manchmal kümmerte Sie sich auch um einen Spatz.
Das Leben sie stets
mit einem lieblichen Kindcharme betrachtete
so in der Blüte des Lebens
umwebend
in ihrer Jugendlichkeit
diese Erinnerung an diese eine Freundin übrig bleibt.

Ein Wald voller Fabel und Wesen

Ein Wald voller Fabel und Wesen
auf verschiedensten Wegen
wir neuen Aufgaben
von Zwergen uns umgeben.

Samtweich wie Engelsflügel
Zart umtänzelnd die Füße sich bewegen .
Bin ich die holde Jungfrau
oder der Mysteriöse Skorpion
beide zusammen eine astralfeine Symbiose
auf einem Spaziergang zum Wald
mit dem Blick auf den Vollmond wandern.

Wähle Weise

Wähle Weise, wem du vertraust
Ist die Person leise oder laut
Nährt sie sich an deiner Art
oder ist sie auf Stein und Beton gebaut?

Die Vergangenheit macht dich zu der Person,
die du heute bist oder nicht?
Wenn Taten zeigen
wie man zu einem steht,
sich das Leben wertvoll
zu einem Menschen mit Vertrauen begibt.

Stille

Stille ist ein sanfter Wind
der durch die Türen luftwarm schwingt
dir zuhört
wenn du sprichst
die Seelen die dich hören,
wenn du weinst
Stärke dir Stille bringt
inne zu halten
zur Achtsamkeit
lieb sein zu dir Selbst.
Eigne kleine Kinderwelt
inneres Kind
sprech alles aus
dir nix gutes verbieten lass.
sind so klare Augen
die noch alles sehn
darf man nie verbinden
können die Stille sonst nicht sehn.

Diandra Behrbalk 30, im Herzen 17

Viel gesehen viel erlebt – ob Schauspiel im TV oder Theater
oder Tänzerin. Gewidmet an meine Kindheit, Jugend und
jetzt im Zeitalter – eine kleine versteckte Biographie in
meinen spontanen Lyriken.

Perspektiven

Lachen

Solange wir streben nach Höherem,
lacht sich der Zwerg eins.

Im Netz

Alle Länder werden Zwerge,
Wenn disruptive Charaktere
Untereinander Netze teilen,
Die durch jede Grenze leiten
Jeden Sinn.

Zwergenland

Im liebsten Licht romantischer
Poeten sah ich einen Zwerg.
Das wäre mal wieder typisch,
Ereifert der sich darüber,
Dass ich, ein Bürger immerhin
Des Exportweltmeisters D Punkt,
Ihn sehe. Komplett irrational!

Zwergenfresser

Komprimiere Menschlichkeit,
Bis die süßen Kleinen
Selbst für Zwergenfresser
Pures Gift ergeben.

Übermensch

Ein Übermensch kann
doch nicht einzahlen
In Pflegeversicherungen
Oder Bettpfannen wechseln.
Applaudiert er den kleinen
Leuten vom Balkon,
Hat er sich schon
Bis zum Äußersten
Herabgelassen.

Zwergenperspektive

Meine emotionale Gesundheit
Ist meiner Weisheit letzter Schluss.
Menschen meiden grundgscheit,
Wenn ich die vor ihnen schützen muss.

Mein Mitgefühl verwalte ich
Eigenwohl respektive
Kerngesund erkalte ich
In Zwergenperspektive.

Schocks

Jahrelang zerlegten
Schocks ihn gnadenlos.
Stinkefingerhebend
Zerkleinert aber lebend
Weichen die, die er gewesen,
Aus ins Zwergenland.

Denker

Ein Denker, dichter als gewöhnlich,
Vor einem Schrebergarten stand.
Des Spießers Zwergenvolk das stört mich!
Hob er drohend seine Hand.
Die gereckte Faust sie reichte
Den Zwergen bis ans Kinn.

Riesenland
Ein Zwergenland ist eines
Dessen Faschismus andre
Taktisch kaum interessiert.

Kein Zwergenland ist eines
Dessen Faschismus notfalls
Die andren niederringen.

Bewohnern der USA
Kann kein Fremder beistehen.
Das ist ein Riesenland.

Andreas Nettesheim

Geboren wurde ich 1969 in Belgien und lebe seit 1978 in
Berlin. Schreiben wird neben Zeichnen früh meine Methode
auf Erlebnisse, weltanschauliche Äußerungen und Theorien
zu reagieren. Ich unterrichte an einer Brennpunktschule Ma-
thematik und Deutsch. Dort engagiere ich mich als Vertrau-
ensmann der Gewerkschaft. Essays, Skurriles und Gedichte
- zum Teil illustriert - veröffentliche ich seit einigen Jahren
auf meiner Website tiquarit.jimdofree.com. Daneben strebe
ich die Veröffentlichung politischer Texte und Kinderbücher
an. Ich bin in allen Künsten ein gelernter Dilettant sowie im
Handwerk ein Frickler

„Die Blechtrommel" *1 Theater 26.09.2022

Oskar Matzerath,
ein grotesker Zwerg
und widerborstiger Trommler,
aus seiner Froschperspektive
betrachtet er überdimensionalen Stuhl,
ein Dreijähriger; die Welt ein Desaster,
sein Scheinvater
verwandelt Gefühle in Suppe
Scheinabstimmung im Dombas heute,
Trommelrhythmus bringt Naziversammlung
zum Walzertakt,
Gnom beobachtet
„Knäuelliebe" der Mutter,
Trommeln zu Tortentürmen aufgeschichtet,
Verbrauchsgüter des unangepassten 94 cm-Wesens,
mit Wut zersingt es boshaft
die Brillengläser seiner Lehrerin,
Fantasie als Hoffnungsspur?*2
Kunst wird Fluchtwelt,
Blech der Kindheit,
Nazis wollen das „unwerte Leben" abholen,
Vater versteckt Oskar,
er wird wachsen am Grab des Vaters ohne Trommel.
Günther Grass meldete sich freiwillig
als Sechszehnjähriger zur Waffen-SS,

tausende russische Kriegsdienstverweigerer
stehen jetzt an den Grenzen.
Wer nimmt sie auf?
Putin will Ukrainer zu Russen machen.

*1 Günther Grass
*2 Ernst Bloch

Reinhild Paarmann

Mitglied im Verband Deutscher Schriftsteller und Schriftstel-
lerinnen, Leitung der Lyrik-AG dort seit 2015.
Veröffentlichungen von 15 Bücher u.a. „Katharina Faustina",
Wolfgang Hager Verlag, Stolzalpe 2020, „Der Annedoto",
Wolfgang Hager Verlag, Stolzalpe 2020, „Der Storymaker
und andere Neuköllner Geschichten", Wolfgang Hager Verlag
2021, „Die Traumplaneten" Wolfgang Hager Verlag, Stolzalpe
2022.

Es ist nicht leicht eine Zwergin im Zwergenland zu sein.
Noch vor dem Morgengrauen steht man auf
und fährt in den dunklen Stollen unter Tage ein.
Trippelt man abends nachhaus,
tun alle Glieder von der schweren Arbeit weh.

Dann ruht man aus – bei Salzgebäck und Tee,
erzählt sich raunend Geschichten von fremden Welten,
von Riesen, Zauberern und Elfen.
Diese sollen lustwandeln im fernen Zauberland
und Zwergengüter für ihren Luxus importieren.

Doch Zwergen hilft nur hoffen und harren,
denn sie sind der Märchenländer Proletaren.
Sie paffen an Feiertagen ihr Pfeifchen
auf einer Bank vor Ihrem Zwergenhaus
und kehren sonnabends den Dreck
vom Weg an der Strasse auf.

Sie wissen, dass das Leben aus Arbeit und Fleiss besteht
und dass der schlimmste Kummer mit der Zeit vergeht.
Sie sind von sprichwörtlich stoischer Natur
und in ihrer Resilienz erscheinen sie durchaus stur.

Wenn sie einst sterben,
soll man ihre Asche in winzige Urnengräber
im Wald zwischen Wurzelwerk senken
und dann auch bald wieder
ans Arbeiten denken.

Doch wenn Du den Zwergen begegnest
solltest Du bedenken –
Du solltest sie nicht kränken.
Verhöhn sie besser nicht
denn die Rache eines kleiner Wicht's
kann fürchterlich enden.

Sabine-Simmin Rahe

schreibt, seit die Lebenserfahrung sie gestreift hat, Prosa
und Texte, die sie auf ihrem Blog „Die Dorettes" und in
Büchern unter der Edition Dorettes veröffentlicht. Bisher
erschienen und verfügbar sind: „Fragmente" – ein Prosatext
und „Prolog" – ein Gedichtband, sowie ein Essay zum Thema
„Was ist Heimat?" in einem Sammelband. Außerdem ist sie
die Initiatorin der Treffen der „Poetenoffensive" in Berlin, die
drei bis vier Mal im Jahr stattfinden. Dort wurde die Idee zu
dieser Anthologie geboren.

Schlange, Luft, Traum

liegt der Duft
von Blumen
in der Luft
dann lege dich
unter einen Baum
und verliere dich
in einem Traum
es dauert nicht lange
bis du wegdöst
und auf einmal eine
Schlange
durch ein fernes Land
reitest
oder neben Einhörnern
durch goldene Tore
schreitest
schreibe es nieder
wenn du erwachst
weil du so deinen
Horizont erweiterst

Gesellschaftskritisch, Wolkenkratzer, Luftschloss

hier wird gegessen
was auf den Tisch kommt
doch sei ruhig mal gesellschaftskritisch
und erfrisch das Land
mit neuen Ideen
benutze deinen Verstand
wir werden ja sehen
ob dein Luftschloss platzt
aber so wie es ist kann's nicht weitergehen
starke Winde werden irgendwann
all die hässlichen Wolkenkratzer wegwehen
wenn wir's nicht endlich verstehen

Dan K. Sigurd

wurde 1990 in Berlin geboren, wuchs jedoch größtenteils in
Hamburg auf. Zwischen zahlreichen ausgedehnten Reisen
durch Europa und die USA studierte er Film, Politik und
Psychologie an der Freien Universität sowie Regie an der
filmArche in Berlin, wo er zur Zeit lebt und arbeitet. Er gibt
regelmäßig Lesungen seiner Werke und schreibt seit einigen
Jahren Gedichte für Passanten im Mauerpark in Prenzlauer
Berg. Sein erstes Buch GIB MIR 3 WORTE ist im Berliner
Verlag Periplaneta erschienen.

DAM DAM

dam dam
MaduroDam
dam dam
AmsterRotterZaanDam
nicht zu vergessen
EDam

dam dam
auf dem Damm
MaduroDam

dam dam
die Niederlande
in Miniatur
das ist MaduroDam

dam dam
das ganze Land
in Form von 300 Modellen
im Maßstab 1 zu 25
gegründet 1952

von seinen Eltern
dem Andenken
von George Maduro
gewidmet
umgekommen in Dachau

zu finden ist MaduroDam
in Scheveningen
Stadtteil von Den Haag
dam dam

auf dem Gelände
450 Autos
12 Züge
58 Schiffe
16.000 Miniaturmenschen
im Zwergenland
dam dam

MaduroDam
ich meinte aus
Legosteinen gebaut
finde keine Bestätigung

dam dam
Menschen
die dort herumgehen
im Vergleich zu
den klitzekleinen
Dörfern Städten
& Landschaften
riesengroß

dam dam
alle wichtigen Bauten
der Niederlande
sind da
nur etwas kleiner
als in natura

dam dam
Concertgebouw
Schiphol
Museen
Häfen
Grachten
Käse

dam dam
Meer
Inseln
Strand
Brandung
Polder

dam dam dam
alles da
& noch viel mehr

dam dam
dam dam dam
dam dam

nimm den goldenen Ring von mir
dam dam
dam dam dam
dam dam dam dam

Marmor Stein & Eisen bricht
dam dam
dam dam dam
dam dam
dam dam dam
nur die Miniaturen nicht

weine nicht
wenn die Türe schließt
es gibt einen der zu dir hält
der Dich auch danach
drinnen bleiben lässt
im Zwergenland

dam dam
alles alles geht vorbei
alles bricht
nur die Liebe nicht
im Dunkeln
hinter den
höchsten Bauten
des Miniaturlandes
dam dam

ja nimm den Ring von mir
dazu den Diamanten
ich mein' es ernst

dam
dam dam
tu`s in MaduroDam
ja Dam
wir sind beide glücklich
in MaduroDam

MIKROBEN

Mikroben
Kleinstlebewesen
sieht man nur unter dem Mikroskop
so klein sind sie

Mikroben
können sich gar verloben
ist das nicht verschroben
zur Hochzeit kommt es nicht

ist das nicht verschroben

Mikroben schwimmen
ja schwimmen sie überhaupt
ist das erlaubt
Du bemoostes Haupt
die Meute schnaubt
die Gegend ist stark belaubt

der Mikroben sind viele
sie sind
Millionen
womöglich Milliarden

sie haben vielerlei Gestalt
machen krank
machen gesund

Mikroben sind
Bakterien Viren Pilze

dann gibt es noch Protozeen
winzig kleine Lebewesen
verantwortlich für Krankheiten
wie Toxoplasmose oder Malaria

das soll nicht so schrecklich enden
das wird jetzt behoben
Mikroben sind so winzig
man sieht sie nicht
mit bloßem Auge
schon sind sie fort
scheinbar

Wolfgang Weber
VITA, was solltet Ihr wissen? Burgenlandkreis, Norddeutschland, Berlin Wedding, Geographie, Anglistik studiert, kein
Lehrer. Durch Wettbewerb zum Schreiben von Texten
gekommen, in Zentrale eines sozialen Trägers in der Verwaltung tätig, Begriff rhythmische Texte erfunden für das was
ich schreibe. Bevölkere offene Bühnen, viele meiner Texte
erscheinen in einem Kunst Magazin. haus und strasse heißt
mein Buch, meine website: https://wolfgang-weber.jimdofree.com